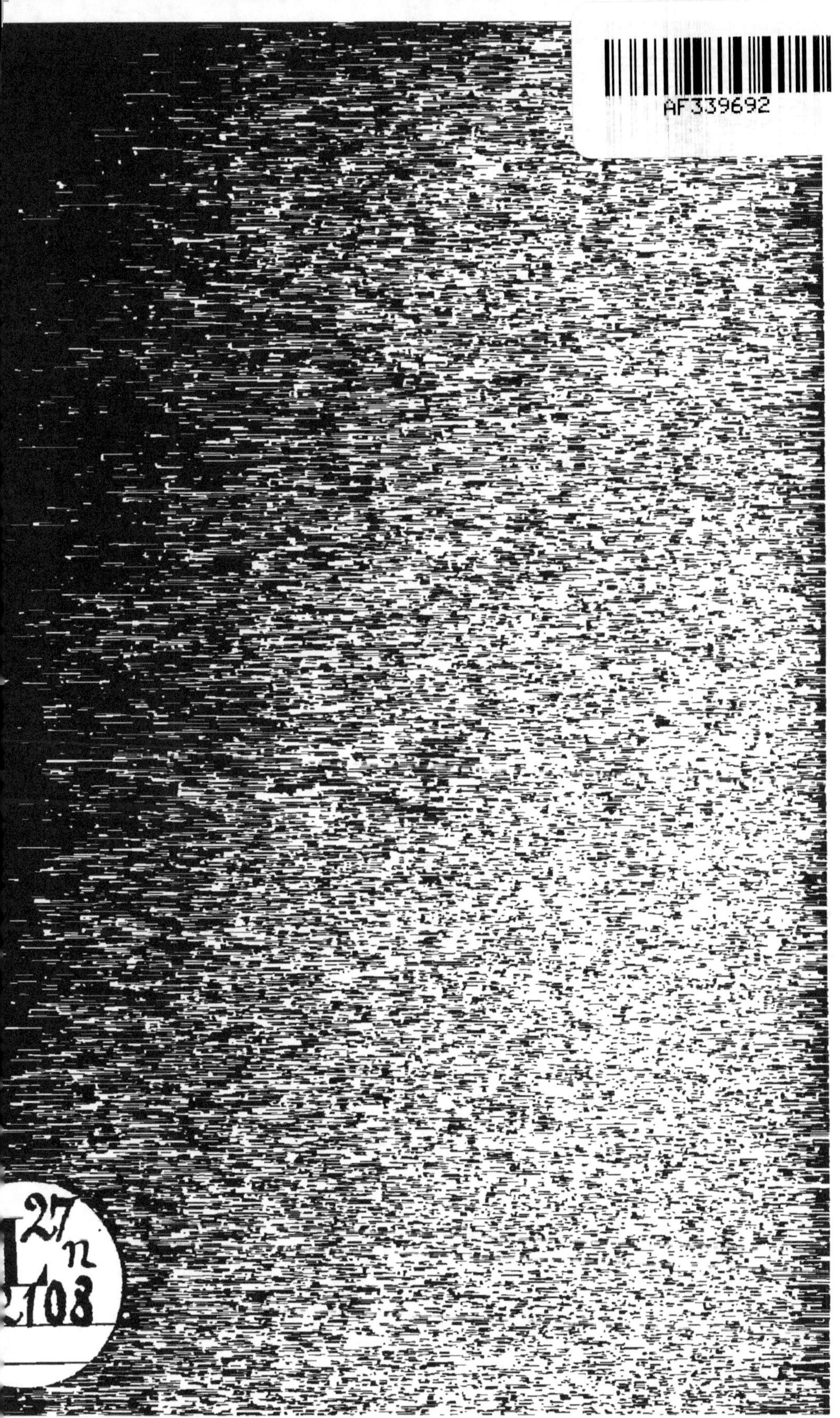
AF339692
27
n
108

NOTICE

SUR

HENRIETTE MIDOLLE

ENFANT DE MARIE.

INSTITUTION Ste CLOTILDE.—ANDELYS.

Misericordias Domini in æternum cantabo.
Je chanterai éternellement les miséricordes du Seigneur.

Le Seigneur a cueilli sur notre terre une fleur qu'il aimait ; il l'a placée devant son trône, où elle sera belle pour jamais. Henriette n'a fait que passer au milieu de nous, mais elle nous a laissé le parfum d'une vie pieuse et d'une sainte mort, et nous le conservons avec amour.

Henriette Midolle fut l'âme docile à la grâce, depuis le moment où Dieu se fit connaître plus particulièrement à elle. Son enfance ne fut que faiblement éclairée des lumières de la foi, et elle grandit sans pratiquer les devoirs de la vie chrétienne.

En novembre 1862, le bon Dieu la conduisit à la Visitation de Dijon ; elle fut touchée par la mansuétude et la charité des filles de Saint-François-de-Sales, et elle désira de connaître et de servir Dieu. L'esprit du monde, qui avait régné longtemps dans son âme, ne disparut point en un jour, Henriette ne fut pas sans mériter de reproches à la Visitation ; mais elle montra tant de bonne volonté pour embrasser une vie pieuse, nous écrivit la maîtresse générale, qu'on lui permit bientôt la participation fréquente aux sacrements. Le 2 juillet 1863 elle fut reçue au nombre des Enfants de Marie.

Henriette conserva un vif attachement pour le saint asile où la lumière de Dieu lui était apparue : Saint François de Sales et Sainte Jeanne de Chantal revenaient souvent dans ses entretiens, avec les noms et les avis des bonnes Mères de la Visitation qui l'avaient instruite.

Le 8 décembre 1863, elle arrivait à l'Institution Sainte-Clotilde. Elle se montra dès-lors une bonne élève, soumise, régulière, respectueuse et constante dans les exercices de piété. On reconnut bien vite chez elle une grande délicatesse de cœur, d'où découlaient reconnaissance, déférence pour toutes ses maîtresses, politesse exquise, mille attentions aimables prodiguées à propos, sans bruit, sans faire sentir qu'elle rendait service.

Depuis son enfance elle avait cultivé la peinture, et elle n'ignorait point sa petite supériorité dans les travaux qui réclament du goût et de l'adresse; mais fallait-il sur ces différents points recevoir les avis et les instructions d'une maîtresse, elle savait agir contrairement à ses idées.

Elle déployait toute son amabilité pendant les vacances qu'elle passait tout entières au pensionnat. On l'a vue alors sacrifier la promenade, son plus grand divertissement, pour des rangements fort peu récréatifs, afin d'éviter quelque peine à ses maîtresses.

Pendant plusieurs semaines, elle passa sa récréation de chaque soir à coucher une pauvre infirme, vieille enfant gâtée du pensionnat, à l'humeur peu facile. Notre Seigneur est là sous cette rude et pauvre enveloppe, la tâche est revendiquée par un grand nombre. Nulle ne la remplit mieux qu'Henriette. « Quand les autres viennent, » disait l'infirme, elles s'amusent, elles causent entre » elles, mademoiselle Henriette s'occupe toujours de moi » et de mon ménage, puis elle me tourne si doucement ! »

La chère enfant, répondant à de pieux projets d'avenir, voulait s'accoutumer ainsi au soin des malades, elle y renonça pourtant, elle craignait que la préférence marquée de la malade n'affligeât une de ses compagnes, très-assidue aussi à cette bonne œuvre.

Une telle conduite engageait bien ses maîtresses à

l'admettre au nombre des Enfants de Marie du pensionnat, mais elle ne sollicita point d'abord cette faveur; il lui semblait qu'elle appartiendrait moins à la congrégation de la Visitation. C'était une délicate erreur, elle en revint, et fut admise le 3 juin 1864, fête du Sacré-Cœur-de-Jésus.

Arrive la retraite d'octobre 1864 : « Priez pour votre » enfant, écrit-elle à sa maîtresse de classe, elle sent que » le bon Dieu est en train de la convertir. » A la même époque, elle est nommée Présidente des Enfants de Marie; Henriette comprend alors qu'elle est devenue l'instrument de Dieu pour sanctifier ses compagnes, elle entre bien entièrement dans l'apostolat du bon exemple et sa vertu grandit avec l'élévation de ses motifs. Elle ne se contente plus de suivre la pente d'un esprit naturellement délicat et raisonnable, sa réputation de bonne élève à conserver n'est plus le mobile de ses actions; ce qu'elle cherche, c'est la gloire de Dieu; et cela, en toute simplicité, avec les petits actes d'une pensionnaire. Comme Marie au Temple, elle est sous le regard de Dieu, attendant sa volonté; le bon Maître met sur son chemin les preuves d'amour qu'il lui demande : ici un acte de piété, d'humilité, de douceur; là un acte d'obéissance, de support du prochain, de charité compatissante; elle ne va pas plus loin : c'est l'Enfant du devoir. Henriette et le réglement bien accompli, c'était synonyme pour ses compagnes.

Suivons-la dans le détail de la vie.

Henriette n'était jamais dissipée; mais elle se recueillait particulièrement avant chaque exercice de piété et sa tenue indiquait bien alors qu'elle se pénétrait des grandes pensées de la foi qui bannissent la routine et rendent nos rapports avec Dieu plus imposants et plus fructueux. « Vous seriez-vous distraite si vous eussiez assisté au » Sacrifice du Calvaire? » disait-elle à une de ses compagnes, en parlant de la Sainte Messe. Jamais peut-être, pendant les trois mois qui précédèrent sa maladie, un simple signe de Croix ne fut fait à la légère. Quelle régularité dans ses confessions et ses communions! quelle fidélité à la visite quotidienne du Saint-Sacrement et à l'exercice du Chemin de la Croix, chaque vendredi.

Les œuvres catholiques lui étaient chères : elle recueillait avec bonheur l'offrande de ses compagnes pour la propagation de la foi; mais l'association qu'elle aimait le mieux, c'était celle de la communion réparatrice envers le cœur de Jésus. Sa piété se nourrissait de ces paroles qui firent ses délices jusqu'entre les bras de la mort :

> Je possède en tout temps, et je porte en tout lieu
> Et le Dieu de mon cœur et le cœur de mon Dieu.

L'histoire de l'Eglise était son étude préférée, une vive émotion animait son visage pendant qu'on racontait les grandes actions des saints.

Demander toujours la permission d'agir, ne point se dispenser soi-même de ce qui est prescrit, se croire raisonnable, sans user de sa petite volonté, autrement que pour obéir : voilà les plus piquantes épreuves de la vie d'une pensionnaire. Henriette savait s'y soumettre généreusement et remplir d'un air aimable des charges ennuyeuses.

Dans les récréations, sa gaîté était toujours accompagnée d'une retenue qui l'empêchait d'être dissipée ; au premier son de la cloche, elle reprenait son air calme, engagement muet, mais persuasif, au silence et à l'ordre. Elle trouvait un grand charme dans la conversation de sa maîtresse, mais sur un simple signe de celle-ci, elle s'y arrachait pour amuser ses compagnes avec beaucoup d'entrain et de bonne humeur.

Henriette pratiquait, sans les quitter capricieusement, les petites mortifications par lesquelles on témoigne au bon Dieu le désir de faire dominer l'âme sur le corps : par exemple, elle mangeait son pain sec après le potage du matin les mercredis, vendredis et samedis du carême; elle eût été heureuse de faire davantage, si ses maîtresses ne s'y fussent point opposées.

Elle se montrait fort indulgente pour les défauts de ses compagnes, les encourageant par de bonnes paroles, prenant part à toutes leurs joies, provoquant leurs progrès dans la vertu, se faisant leur avocate, quand elles avaient mérité quelque punition. Lorsqu'elle ne pouvait obtenir leur grâce, elle leur faisait comprendre combien il était important qu'on les corrigeât ; elle relevait alors leur courage. Elles aimaient le ton doux et modeste de sa voix, son air calme et réfléchi. C'était leur sœur aînée, leur oracle : le président Frémiot au milieu de sa famille n'était pas écouté avec plus de respect et d'amour (Henriette avait, dans une pièce, représenté ce vénérable vieillard avec la sainte et suave gravité que l'histoire donne au père de Madame de Chantal).

Mais où donc est le travail ? Où sont les efforts dans cette nature qui paraît se plier si facilement à tout ce que le devoir exige ? On aime mieux la vertu qui a coûté des combats, cela encourage. Henriette savait trouver le mot propre à stigmatiser un ridicule, le monde trouve ce défaut charmant , elle cessa de le cultiver. On lui dénonça comme frivoles et peu dignes d'une chrétienne les admirations excessives qu'elle donnait à la beauté extérieure, elle ne les fit plus entendre. Elle n'était point naturellement expansive , le désir de se connaître pour se sanctifier la porta à s'ouvrir à notre bonne directrice.

Si la grande délicatesse du cœur est la source de mille amabilités, elle rend aussi très-sensible aux blessures de l'amour-propre. Chez Henriette, une révolte intérieure accompagnait d'ordinaire une observation , elle ne se permit plus en ces circonstances ni le murmure, ni l'excuse ; elle se raidit même contre le mécontentement intérieur. « Mademoiselle, dit-elle un jour à sa maîtresse, » après une petite affaire qui l'avait émue, si le bon Dieu » ne m'eût aidée, j'aurais jeté au milieu de la classe ce » que je tenais à la main et j'aurais ajouté des paroles » bien désobligeantes. »

Dans son groupe, se trouvait une petite fille de bon cœur, mais d'un caractère épineux et difficile. Cette enfant, lui étant donnée un jour pour compagne de promenade, se laissa aller à toute sa mauvaise humeur, ne répondit rien à la conversation qu'Henriette s'efforçait de lui rendre agréable et appela une autre étourdie pour se plaindre de la société qu'on lui avait choisie. Henriette ne répondit rien, baissa les yeux et s'efforça encore davantage de les contenter. Et c'étaient des enfants de treize ans qui exerçaient ainsi sa patience. La petite méchante dit que, depuis ce jour-là, Henriette redoubla de bontés à son égard. Elle l'aida à corriger son caractère et elle l'a laissée dans une voie de progrès, où son souvenir la fixera pour jamais. Après la mort d'Henriette, B.... reçut solennellement des mains de notre bonne directrice le cordon de division d'Henriette ; et ce fut pour elle une excitation continuelle à triompher de son caractère.

La mémoire d'Henriette était plus rebelle que son intelligence, parce que son instruction avait été négligée dans l'enfance; son jugement n'en souffrait pas; mais elle se trouvait dans une division inférieure à celle que son âge aurait pu faire supposer. Après quelques luttes, elle en vint à surmonter le trouble que lui causaient ses ignorances et ses méprises se produisant devant un essaim d'enfants plus jeunes qu'elle.

Ce qu'elle racontait d'elle-même n'était point dit de façon à lui attirer l'estime ou la louange ; quand on lui adressait quelques paroles ressemblant à un éloge, elle devenait plus sérieuse, ses yeux se baissaient, puis se relevaient vers le ciel avec une expression qui semblait dire : « Vous seul, ô mon Dieu, connaissez ma misère ».

Oui, oui, Henriette combattait, et la nature refoulée fit entendre ce cri généreusement étouffé : « Je voudrais n'être point présidente des Enfants de Marie », tant elle sentait que Noblesse oblige.

C'est la meilleure de nos présidentes ! s'écrie une enfant de Marie, qui a déjà connu plusieurs bons règnes.

Chaque jour elle visitait l'Oratoire et n'y souffrait aucun désordre. « La fonction de sacristaine, disait-elle, ne doit point être regardée comme une fatigue, comme une charge pesante, mais comme une douce occupation dans la maison de la Sainte Vierge »:

Les exercices particuliers des Enfants de Marie étaient toujours faits avec régularité ; attentive à chaque instant aux intérêts de la congrégation, elle proposait à la réunion de chaque dimanche les intentions les plus propres à en procurer l'accroissement et le bien général du pensionnat.

Les Enfants de Marie étaient soutenues par sa douce surveillance ; elle était toujours au courant de leurs dispositions et de leur conduite, et leur reprochait avec douceur et fermeté les infractions au règlement. L'insouciance du devoir et les manquements à la charité étaient les fautes qu'elle excusait le moins, comme étant propres à détourner les autres du bien. Avec quelle sollicitude elle soutenait les premiers pas des enfants de bonne volonté vers sa chère congrégation; son influence n'a-t-elle pas beaucoup contribué à y faire entrer, pendant le cours de cette même année, toutes les élèves de sa classe.

Henriette ne comptait point beaucoup sur elle-même pour la conduite des autres : elle consultait souvent notre bonne directrice que les élèves appellent notre bonne mère. « Priez pour moi, disait-elle à sa maîtresse de classe, » il me semble que les Enfants de Marie ne vont pas bien, » c'est peut-être ma faute. » Avant de donner quelque conseil, on voyait qu'elle élevait son cœur vers Dieu.

Au commencement de l'année, elle passait une grande partie de ses récréations à cultiver ses petites sœurs, elle trouvait que la meilleure récréation était de parler de la Sainte Vierge pour la faire connaître et aimer. Mais comme les Enfants de Marie doivent servir à l'édification de leurs compagnes, on juge utile de les maintenir au milieu de leurs groupes respectifs. Henriette reçut fort bien l'avis qui lui fut donné à cet égard. « Je » croyais, dit-elle, que c'était mon devoir de leur par- » ler aussi souvent, mais puisque je n'y suis point obli- » gée, je suis bien aise d'être délivrée de cette respon- » sabilité ».

Elle parlait souvent avec tendresse de sa famille dont elle se trouvait si éloignée. Combien elle désirait de les voir tous en possession de cette foi qui la rendait maintenant si heureuse! Elle s'inquiétait surtout de l'avenir de sa jeune sœur Pauline, la compagne de son enfance, à qui elle avait voué une affection toute particulière.

Arrive la grande épreuve de la vertu : la maladie.

Vers le milieu de décembre 1864, Henriette dut quitter les études; de violents maux de tête lui permettaient à peine de faire un mouvement, des vomisse- ments s'y joignirent ensuite, il y eut des alternatives de bien et de mal. Pendant un mois on crut que ce grand

malaise qui ne cédait à aucun remède était simplement nerveux et s'userait avec le temps. Notre chère enfant se résigna à souffrir. « Connaissant, dit-elle, que je suis
» molle par tempérament, j'ai prié pour que la maladie
» ne m'amollisse point. »

On lui conseilla de faire couper sa belle et abondante chevelure, elle abandonna sa tête à l'exécuteur en souriant; puis elle ajouta : « Je ne l'ai point demandé, mais
» puisque notre bonne Mère le juge bon, je suis toute prête;
» du reste je n'y tiens guère, et le temps est bien passé
» où je ne me serais jamais coiffée sans deux glaces ».

Dans les premiers jours de janvier, le médecin prononça le terrible mot de méningite, maladie plus ou moins lente, mais inguérissable. Henriette, qui ne savait pas les inquiétudes, s'affectionnait cependant aux souffrances et parlait doucement de la mort, sans croire pourtant qu'elle allait mourir. « Ne faites point prier mes compagnes pour que je
» guérisse, disait-elle, j'ai tant besoin d'expier : dix-huit
» ans sans servir Dieu ! Je voudrais souffrir, bien
» souffrir, et puis mourir », et ses yeux se levaient au ciel pleins d'espérance et de saints désirs.

Cependant le pensionnat multiplie les prières, on demande à Marie la guérison de son enfant. M. l'Aumônier impose à la malade de s'unir aux neuvaines faites à cet effet; elle ne s'y sentait point portée, elle obéit. Le 2 février, jour où se terminait la première neuvaine, elle reçoit la sainte communion en viatique, avec tant de recueillement qu'elle n'aperçoit pas ses congréganistes qui l'entourent. Ce jour-là même, elle peut se lever, assister au conseil des Enfants de Marie. Le mieux se soutient, elle se promène doucement, fait quelques courtes apparitions parmi ses compagnes, avides de la voir; elle peut communier à jeun le 8 février, fête du Saint-Cœur-de-Marie et assister à la messe de la chapelle. Ce n'est pas tout, elle va jusqu'à l'ouvroir porter sa reconnaissance aux pieds de N.-D.-de-la-Salette et remercier les pieuses élèves de cet établissement qui avaient uni leurs prières aux nôtres. Cinq ou six jours se passent dans cet espoir de guérison, mais bientôt le mal, un instant ralenti, reprend avec violence, et de faiblesse en faiblesse, de souffrance en souffrance, la chère malade s'achemine vers la mort. Notre Seigneur vient encore la visiter dans son divin Sacrement, à la suite d'une neuvaine par laquelle on espérait faire violence au ciel : le Dieu de miséricorde avait résolu d'enlever Henriette aux misères de l'exil.

Combien de grâces autour de ce lit de douleur ! La confession, la sainte communion, les paroles pleines d'onction de notre saint aumônier apportant chaque jour paix et joie dans la souffrance, la prière montant de tant de cœurs vers le ciel ! Cette pieuse union des enfants de Marie formant devant Dieu une si puissante intercession pour leur sœur chérie ! Que d'anges visibles pour rattacher son âme au ciel et exercer envers elle toutes les tendresses de la charité ! Elle était heureuse d'entendre les pas de notre Bonne Mère se dirigeant vers son lit. On devine combien ces visites étaient fréquentes. Cette Bonne Mère voulait donner elle-même de tendres soins, épier toutes les luttes de l'âme pour les adoucir, fortifier cette résignation que la longueur de la maladie aurait pu lasser. Toutes les personnes qui l'entouraient paraissaient heureuses de la servir ; toutes s'efforçaient d'élever l'âme en soignant le corps.

Pour Henriette, elle était toujours l'Enfant de Marie, vigilante, combattant la nature, s'oubliant elle-même.

Elle ne voulait pas passer un seul jour sans voir sa maîtresse de classe qui contentait sa soif de bonnes paroles, mais elle ne lui imposait point long séjour ; elle recevait chacun avec un sourire et ne prenait point plaisir à s'étendre sur ses vives douleurs ; elle répondait : « Je vais bien » aux personnes qui s'informaient d'elle et leur parlait de ce qui pouvait les intéresser. Jamais un service ne lui fut rendu sans qu'elle en témoignât sa reconnaissance et ses lèvres expirantes savaient encore prononcer Merci ! Quand elle eut à peu près perdu connaissance, le nom de ses infirmières ramenait un sourire sur ses lèvres ; elle s'inquiétait jusqu'à cinq ou six fois dans une même nuit du bien-être de celles qui la gardaient.

Les élèves de son cours avaient voulu récréer ses yeux ;

elles lui avaient offert une petite caisse remplie de diverses plantes ; elle appelait cela son jardin, elle le gardait presque continuellement près d'elle. Un jour qu'Henriette se trouvait mieux, les bonnes enfants sollicitent le bonheur de suivre leur maîtresse à l'infirmerie; le jardin avait disparu pour un moment, Henriette fait signe qu'on attende pour entrer, demande assez bas qu'on lui apporte le petit objet et reçoit ensuite ses compagnes: « Voilà » votre petit jardin, leur dit-elle, il est presque toujours » près de moi et tout le monde le trouve joli. »

Elle n'acceptait les choses qui flattaient le plus son goût qu'après le consentement de son infirmière; elle retardait un peu le moment de les prendre disant qu'on était dans le temps du carême et qu'elle craignait de devenir immortifiée. Elle s'affligeait beaucoup que l'on reprît quelques maladresses dans celles qui la soignaient.

On témoignait quelquefois près d'elle, et comme involontairement, un peu d'admiration pour sa patience : « Je n'aime pas à entendre dire que je suis patiente, » dit-elle, un jour, à notre Bonne Mère, et la crainte de l'orgueil amenait une expression douloureuse sur son visage, quand on disait quelque mot à sa louange.

Chaque jour, elle offrait à Dieu ses souffrances, renouvelait son intention plusieurs fois, et ne prenait aucun de ses petits repas sans bénir Dieu. « Je ne peux » pas faire grand'chose pour l'Association, disait-elle, » mais je dis au Bon Dieu: depuis telle heure jusqu'à » telle autre je souffre pour elle. » — « Vous devez » beaucoup souffrir? lui demandait-on. — « Quand je lève » les yeux au ciel, je ne trouve que du bonheur. Ecoutez » ma gentille petite prière: Mon Dieu, je vous aime de » tout mon cœur, je me soumets par avance à toutes vos » saintes volontés. » Elle la redisait à tout le monde et baisait souvent son crucifix, appliquant ses lèvres aux cinq plaies de Notre Seigneur.

« C'est le mois de Saint-Joseph! s'écrie-t-elle, le mois » des bonnes œuvres, des pieuses invocations! Je ne fais » plus rien ! » Le mois de Mars commençait en effet; la mort s'approchait; la chère enfant, qui n'y croyait pas encore tout-à-fait, ne voulait plus qu'on demandât sa guérison, mais seulement la sainte volonté de Dieu. On lui accorda la grâce insigne du Jubilé, qui n'était pas encore ouvert pour la paroisse. Elle accomplit pieusement les saintes pratiques qui lui furent imposées, puis elle reçut Notre Seigneur le 4 mars. C'était la dernière fois, hélas! qu'elle recevait le pain sacré qui avait toujours fait ses délices; son état ne permit plus de lui réitérer cette faveur: « Je ne » communie plus! s'écriait-elle de temps en temps, je ne » puis plus dire: je possède en tout temps, et je porte en » tout lieu, et le Dieu de mon cœur et le Cœur de mon » Dieu. » On la rassura: Jésus ne lui prêtait-il pas son Cœur pour souffrir?

Le délire se produisait par intervalles, délire pur et suave d'une belle âme : « Monsieur l'Aumônier va » venir, il apportera deux colombes, comme les Anges en » achètent au ciel. » A de pieuses paroles, à sa chère congrégation, elle mêlait les noms de sa famille, celui de Pauline surtout. Jusqu'alors elle n'avait point regardé la mort comme certaine; il était temps d'augmenter ses mérites par l'acceptation du dernier sacrifice. Notre bonne Mère retient ses larmes, lui annonce que sa maladie est grave et murmure le mot d'Extrême-Onction, en lui rappelant les heureux effets de ce sacrement. Henriette manifeste un peu d'étonnement, paraît triste un moment, puis elle revient avec calme à la pensée de ce sacrifice qu'elle a offert tant de fois.

Elle fait son petit testament, lègue à son père sa médaille d'Enfant de Marie, et à sa mère, le crucifix qu'elle baisa tant de fois.

La nuit du 4 mars est pénible, le démon lui présente des images qui l'attristent ; elle étend ses mains, comme pour repousser quelque chose : « Chassez, chassez ces vi- » laines femmes que je vois là! » Depuis, elle eut souvent recours à l'eau bénite pour conjurer de nouvelles attaques de l'ennemi. Le matin elle se réveille : « Oh! Pauline, si » tu savais .... » C'est à sa jeune sœur qu'elle s'adresse, puis elle n'achève pas. Ne peut-on pas traduire : » Si tu savais, si tu connaissais le don de Dieu! » ? Car c'était là son désir continuel à l'égard de Pauline. « Petite » Mère? ajoute-t-elle, peu d'instants après. — Voulez-vous

» qu'on l'appelle ? — Oh! non, ne la dérangez pas, mais
» je ne sais pas quand il faudra demander l'Extrême-Onc-
» tion. » — « La désirez-vous ? » — « Oh! oui. » —
» Souffrez-vous davantage? » — « Oh! oui, je souffre
» partout. » Ce jour-là même, dimanche 5 mars, on
crut prudent de lui conférer le sacrement des mourants :
ce fut son dernier jour bien lucide ; dans la suite, elle ne
pouvait plus soutenir longtemps la même idée. Elle fut
calme pendant toute la cérémonie, les Enfants de Marie
l'entouraient ; elles seules connaissaient l'état de leur
Présidente.

Après l'Extrême-Onction, elle voulut envoyer à la Sainte
Vierge un petit bouquet de violettes qu'on lui avait offert.
Elle ne voulut point le faire porter à l'Oratoire avant d'avoir
obtenu de notre bonne Mère la permission de parler à sa
compagne, régulière jusqu'à la mort ! La réunion de ce
Dimanche se tint autour de son lit, l'office fut récité près
d'elle, elle était présente à tout ce qui se disait.

Dès lors, la mort ne lui paraît plus qu'une entrée au
ciel, elle parle peu du Purgatoire, la protection de Marie
lui inspire une si douce confiance ! « C'est à Marie, dit-elle,
» que je demande de m'obtenir un petit coin du ciel ; c'est
» elle qui nous mène à Jésus. » — « Où est votre pen-
» sée ? » — « Au ciel, et puis-je la laisser là ! Priez
» pour mon père, afin qu'il se convertisse. » — « Que
» sert à l'homme de gagner l'univers, s'il vient à perdre
» son âme ? »

Une de ses compagnes ayant été atteinte par une
épreuve, elle voulut la voir pour la consoler et élever son
âme à la résignation ; elle lui montra les bras maternels
de Marie et lui souhaita de devenir son enfant ; ce souhait
devint l'objet de ses préoccupations, elle y revenait souvent. Le dimanche 12, les Enfants de Marie vinrent la
consulter avant leur réunion : « Priez pour celles qui
feront leur premier pas dans l'Association le 19 mars,
leur dit-elle, puis pour F.... (c'était la compagne mal-
heureuse.) »

Que faut-il demander pour vous ? lui dit notre Bonne
Mère.—La résignation. — Que leur souhaitez-vous ?—
D'être toujours de dignes Enfants de Marie. — Vous leur

demandez pardon de toutes les peines que vous auriez pu leur causer? —Oh oui, de tout mon cœur. — Elles vous demandent pardon aussi de celles qu'elles vous ont faites. — Elles ne m'en ont jamais fait.

Le lundi 13 mars, la parole lui devient difficile, à part quelques pieuses aspirations, elle ne fait plus entendre que des mots entrecoupés. Déjà elle avait reçu l'indulgence de la Bonne Mort. Tant qu'elle eut encore quelque lueur de connaissance, Monsieur l'Aumônier voulut la faire participer aux richesses de l'Eglise, il lui appliqua l'indulgence du Crucifix. Le bon Dieu permit qu'elle comprît presque jusqu'à la fin les paroles qu'il lui adressait.

Cependant la nouvelle d'une mort prochaine commence à se répandre dans le pensionnat; ses compagnes désirent vivement de la voir; l'affection qu'on a pour elle, sa sérénité, une espèce de certitude de son salut ôtent à la mort ce qu'elle a de redoutable. Elle reçoit les nouvelles aspirantes et quelques enfants de sa classe; elles se tiennent à distance pour ne la point forcer de parler: Venez, leur dit-elle, puis elle leur donne tout bas quelques avis appropriés à leurs besoins.

Elle entend dire que Madame Marie Xavier a écrit, qu'elle se réjouit de voir qu'Henriette aime toujours le bon Dieu, qu'on prie pour elle à la Visitation. Elle recueille ses forces : « Eh bien, moi..... lui dire..... que je suis très-heureuse. »

Les Enfants de Marie et ses plus grandes compagnes passent plusieurs récréations près de son lit, elles ne s'en arrachent qu'avec peine, là, on prie, on demande pour elle la force dans le dernier combat, on lui murmure d'une douce voix ces paroles si consolantes pour le cœur d'une mourante :

> Jésus, Jésus à mon heure dernière
> C'est encor toi qui viens me consoler
> Quand ne pouvant former d'autre prière
> Tout bas encor je peux te murmurer.

Elle écoute avec un doux sourire; puis répète tout bas : Jésus! Jésus!

Le samedi 18, elle a un peu plus de connaissance :
Henriette aime Jésus. lui dit-on. — Oh oui ! de tout
son cœur. A l'heure de la récréation, on lui propose de
voir les enfants de Marie. — « Cela va leur faire de la
peine», répond elle d'une voix entrecoupée.—«Non, elles
sont heureuses de venir près de vous.» On voit à leur ar-
rivée qu'elle les reconnaît encore. Notre bonne Mère
lui suggère ces aspirations : Jésus ! le Dieu de mon
cœur, je vous aimerai éternellement; Jésus ! j'espère en
vous. On veut la dispenser de les prononcer; elle fait
effort et les répète bien distinctement. Souvent encore,
pendant cette journée, elle trace sur elle-même le signe de
la croix. Le soir, sa maîtresse de classe lui dit : Je vais
prier pour vous devant le Saint-Sacrement; son merci est
accompagné d'un sourire. Dans la nuit elle redit encore
« Jésus, Marie, Joseph! j'espère en vous. »—Vous souf-
frez pour Jésus, n'est-ce pas ? — Oui. Ce sont ses der-
nières paroles. A partir de cet instant, elle ne donne plus
signe de connaissance. Toute la journée du dimanche 19
se passe dans une paisible agonie. A cinq heures, la
fièvre tombe, les soupirs précurseurs de la mort com-
mencent, on vient prévenir notre bonne Mère, les maîtresses et quelques compagnes entourent Henriette; si elle entend encore, une voix pieuse et bien inspirée lui redit :
Confiance en la miséricorde divine, confiance dans le
sang de Jésus, dans l'amour de son divin cœur; bientôt
elle rendait son âme à Dieu.

C'était le jour de Saint-Joseph ! elle était morte comme
S. Joseph, entre les bras de Jésus et de Marie.

Comme la prière est le plus grand service que réclame
une âme qui vient de quitter la terre, les Enfants
de Marie se rendirent immédiatement à la chapelle,
afin d'offrir pour elle le Chemin de la Croix et les
autres élèves s'unirent dans la récitation fervente du
Rosaire.

Son visage conservait une douce sérénité; on ne
trouvait point la terreur près de ce corps sanctifié
par le séjour d'une âme fidèle. Plusieurs le baisèrent
pieusement, presque toutes voulurent contempler, une
dernière fois, une compagne si vivement regrettée.

Le lendemain , avant de nous quitter, son corps fut déposé à l'entrée de notre petite chapelle ; le bon Saint Joseph, qui dominait l'autel pendant son mois béni, semblait verser la consolation sur ce dernier adieu. La couronne de roses blanches et le ruban bleu de la présidente , déposés sur son cercueil , nous redisaient ses titres au ciel : Pureté de vie et dévoûment à Marie.

Ses maîtresses ne voulurent point laisser à des mains mercenaires le soin de la porter jusqu'à la tombe. et ses congréganistes, qu'elle avait portées au bien, l'entourèrent comme une couronne.

Et maintenant, son nom est un encouragement à la vertu ; une visite à sa tombe ravive les bonnes résolutions.

Que sa douce mémoire vive donc au milieu du pensionnat, et spécialement dans les Enfants de Marie !

Evreux, Canu, imp.